Inhalt

Deutsche Flugsicherung (DFS) - Sicherheit für Millionen?

Kernthesen

Beitrag

Fallbeispiele

Zahlen und Fakten

Weiterführende Literatur

Impressum

Deutsche Flugsicherung (DFS) - Sicherheit für Millionen?

Autor GENIOS BranchenWissen: I.Zeilhofer-Ficker

Kernthesen

- Die Deutsche Flugsicherung GmbH (DFS) kontrolliert knapp drei Millionen Flüge pro Jahr, Tendenz steigend.
- Dabei hatte die DFS im Jahr 2005 nur drei Prozent Verspätungen zu verantworten (europäischer Durchschnitt zehn Prozent) und drei bedrohliche Flugzeugannäherungen zu vermelden.
- Der von der Bundesregierung beschlossene Verkauf von 74,9 Prozent der DFS-Anteile wurde im Oktober 2006 von Bundespräsident Köhler gestoppt.
- Das bereits verabschiedete Gesetz sei

evident verfassungswidrig, war die Meinung des Präsidenten.
- Die Privatisierung der DFS ist damit vorläufig zumindest aufgeschoben und muss möglicherweise ganz gestoppt werden.

Beitrag

Evident verfassungswidrig nannte Bundespräsident Köhler das Gesetz zur Privatisierung der Deutschen Flugsicherung und verweigerte seine Unterschrift. Eine Ohrfeige für die Politiker, die in Erwartung von knapp einer Milliarde Euro Verkaufserlösen die Bedenken gegen das Gesetz beiseite geschoben hatten ...

Aufgaben und Verantwortung der Deutschen Flugsicherung (DFS)

Wer heutzutage in ein Flugzeug steigt erwartet, sicher ans Ziel gebracht zu werden. In Deutschland sorgen rund 5 300 Mitarbeiter der Deutschen Flugsicherung, davon 1 800 Fluglotsen, für reibungslose Starts und Landungen und leiten die Flugzeuge auf sicheren Wegen zu Zielen rund um die

Welt. Die Luftstraßen der Bundesrepublik zählen zu den am meisten genutzten in Europa. 2,9 Millionen Flüge kontrollierte die DFS im Jahr 2005, die Hälfte davon ins oder aus dem Ausland, ein Drittel überflog Deutschland und der Rest waren Inlandsflüge. In diesem Jahr soll die Drei-Millionen-Grenze überschritten werden - in den ersten drei Quartalen des laufenden Jahres wurde eine Steigerung um vier Prozent registriert. Als Rekordtag erwies sich der 10. Juli 2006, der Tag nach der Fußball WM, an dem 10 137 Flugbewegungen bewältigt werden mussten (Spitze 2005: 9 484 Flugbewegungen). (1)

Dennoch arbeitet die DFS wesentlich effizienter als noch vor einigen Jahren. 97 Prozent aller von der DFS verantworteten Flüge kamen 2005 pünktlich ans Ziel. Dies ist ein Spitzenwert in Europa, wo durchschnittlich zehn Prozent der Flüge wegen flugsicherungsbedingter Gründe verspätet ankommen. Auch in Punkto Sicherheit gibt es kaum Mängel 2005 kam es nur zu drei bedrohlichen Flugzeugannäherungen. Keine davon war auf ein Verschulden der Fluglotsen zurückzuführen. (2)

Seit 1993 wird die DFS als privatwirtschaftliches Unternehmen des Bundes geführt. Für seine Dienste verlangt die DFS Gebühren von den Fluggesellschaften, die steigen, wenn das Flugaufkommen zurückgeht und sinken, wenn es steigt. 2005 konnte die DFS damit einen Umsatz von 881,7 Millionen Euro sowie einen Jahresüberschuss von 18,2 Millionen Euro erwirtschaften. Für das Jahr 2007 sind dreizehnprozentige Gebührenerhöhungen angekündigt, da die Gesellschaft aufgrund der Umstellung des Bilanzierungsverfahrens auf IFRS Pensionsrückstellungen von 780 Millionen Euro zu schultern hat. (3), (4)

Single European Sky (SES) die Vision für Europa

Mit dem Projekt Single European Sky will die Europäische Kommission die Strukturen der Flugsicherung in Europa neu ordnen. Derzeit werden knapp 50 Flugsicherungsgebiete von 31 nationalen Flugsicherungen überwacht, was für einen Flug häufige Wechsel der zuständigen Flugkontrollzentren bedeutet. Da die verschiedenen Flugsicherungen mit unterschiedlicher Technik arbeiten und auch die Ausbildungsstandards differieren, ergeben sich des Öfteren Abstimmungsprobleme, die in Warteschleifen und Verspätungen resultieren. SES soll hier Abhilfe schaffen. Schon seit den 90er Jahren plant man eine Harmonisierung der Fluglotsenausbildung, eine einheitliche Technik sowie eine Reduzierung auf zehn größere Flugraumblöcke. Die Kontrolle dieser Blöcke soll per Ausschreibung und Gebot an die leistungsfähigsten Flugsicherungen vergeben werden. (5), (6)

Als erster Schritt in Richtung SES treten am 1. Januar 2007 Verordnungen in Kraft, die die Trennung der regulativen und operativen Aufgaben der Flugsicherung vorschreibt. Dies sollte in Deutschland durch die Schaffung eines Bundesaufsichtsamtes für Flugsicherung (BAF) gewährleistet werden. Eine Privatisierung ist für die Pläne des SES nicht zwingend erforderlich.

Gesetz zur Neuregelung der Flugsicherung

Am 7. April 2006 beschloss der Deutsche Bundestag mit großer Mehrheit von CDU/CSU, SPD, FDP und Grünen das Gesetz zur Neuregelung der Flugsicherung. Der Bundesrat gab im Mai seine Zustimmung, sodass man von einer schnellen Umsetzung hatte ausgehen können. Dies wurde allerdings im Oktober 2006 von Bundespräsident Köhler gestoppt. Er verweigerte seine Unterschrift unter das Gesetz mit der Begründung, es sei evident verfassungswidrig. Was war geschehen?

Das Gesetzesvorhaben

Per Gesetz sollte die Grundlage dafür geschaffen werden, dass der Bund 74,9 Prozent der Eigentumsanteile an privatwirtschaftliche Unternehmen verkaufen kann. Eine Sperrminorität von 25,1 Prozent sollte für mindestens 20 Jahre in den Händen des Bundes bleiben, dann aber ebenfalls verkauft werden können. Das neu zu schaffende Bundesaufsichtsamt für Flugsicherung sollte die Aufsicht und Kontrolle des Unternehmens übernehmen und weiter für die Einhaltung der Sicherheitsvorschriften am Himmel sorgen. (1)

Pro und Kontra

Eine höhere Flexibilität erwartete man sich bei der DFS von privaten Eigentümern, mehr Möglichkeiten, sich bei anderen europäischen Gesellschaften zu beteiligen. Der Bund erhoffte sich bis zu einer Milliarde Einnahmen aus dem Verkauf, um damit Haushaltslöcher zu stopfen. Die EU Forderung nach mehr Wettbewerb sowie nach Trennung von operativen und regulativen Aufgaben wollte man damit erfüllen. Kaufinteressenten waren schnell gefunden. Einerseits interessierten sich

Finanzinvestoren für die DFS, die in erster Linie hohe, verlässliche Renditen erwarteten. Andererseits hatte sich ein Konsortium aus deutschen Fluglinien, Flughäfen und Touristikunternehmen gebildet, die durch den Kauf weitere Effizienzverbesserungen zu niedrigeren Gebühren erreichen wollten. (7), (8), (9)

Für den Bundespräsidenten überwogen aber die Argumente, die gegen das Gesetzesvorhaben sprechen. Hauptablehnungsgrund war für Köhler der Artikel 87 d des Grundgesetzes, der besagt, die Luftverkehrsverwaltung wird in bundeseigener Verwaltung geführt. Seiner Meinung nach würde der Bund durch den Verkauf keine ausreichenden Steuerungs- und Kontrollrechte mehr halten. Es sei möglich, dass nach 20 Jahren auch noch die restlichen 25,1 Prozent der Anteile verkauft würden und möglicherweise in die Hände von dubiosen Firmen oder Staaten gelangen könnten. Ja sogar die Verlagerung des Firmensitzes ins Ausland sei durch das Gesetz nicht ausgeschlossen. Diese Möglichkeit ist von besonderer Brisanz, weil die Flugsicherung nicht nur für den privaten, sondern auch für den militärischen Flugverkehr verantwortlich zeichnet und mit sonderpolizeilichen Aufgaben betreut ist. Es sei daher sicherzustellen, so Köhler weiter, dass die Kontrolle zu jeder Zeit gewahrt bleibe und die polizeilichen Aufgaben hoheitlich wahrgenommen werden könnten. (10), (11)

Diese Bedenken wurden schon von Anfang an durch die Monopolkommission sowie von Verfassungsrechtlern geäußert. In einem 80seitigen Gutachten des Verfassungsexperten Friedrich Schoch, das dem Bundespräsidenten als Basis für seine Entscheidung diente, wurden genau diese Vorbehalte erläutert. Kritiker, vor allem von Gewerkschaftsseite, befürchten außerdem eine Erodierung der Sicherheit zugunsten höherer Renditen. Hinzu kommt, dass sich selbst bei der 100prozentigen Übertragung der Flugsicherung an ein privatwirtschaftliches Unternehmen die Haftung bei von der Flugsicherung verursachten Unglücken nicht übertragen lässt, wie ein kürzlich gefälltes Urteil in Konstanz feststellte. Der Bund wäre also weiterhin in vollem Umfang haftbar. [(12)](), [(13)](), [(14)]()

Nicht nur unter Politikern hat die präsidiale Ablehnung des Gesetzes große Diskussionen ausgelöst. Nach dem bekannt werden der Entscheidung verlangten manche Politiker eine sofortige Änderung des Grundgesetzes. Mittlerweile haben sich aber Viele zum Nachdenken anregen lassen. Die Rolle des Staates im Allgemeinen, und inwieweit der Ausverkauf von Staatseigentum und Staatsaufgaben erfolgen soll und darf, wird heftig debattiert. Die Haftungsfrage ist ebenfalls neu aufgeworfen worden sowie die Tatsache, dass sich der Staat nicht einfach durch einen Verkauf der Verantwortung entziehen kann, die ihm durch das Grundgesetz auferlegt worden ist. (1), (5), (10), (15)

Wie es nun mit der geplanten Privatisierung weitergehen wird, ist völlig offen. Eine Änderung des Grundgesetzes ist ebenso denkbar wie die Modifizierung des Gesetzestextes. Eventuell werden die Privatisierungspläne sogar ganz fallen gelassen. Bis Ende 2007 wird erst einmal alles beim Alten bleiben. Will man größere Probleme mit der Europäischen Kommission vermeiden, so muss allerdings schnellstens für die Schaffung des Bundesaufsichtsamts für Flugsicherung gesorgt werden.

Fallbeispiele

Der Zusammenstoß von zwei Flugzeugen bei Überlingen im Jahr 2002, der 71 Menschen das Leben kostete, ist direkt dem Schweizer Unternehmen Skyguide angelastet worden. Die Richter sprachen von schwerwiegenden organisatorischen Mängeln des privatrechtlichen Unternehmens, dass für die Luftraumüberwachung über dem Bodensee verantwortlich zeichnete. Trotz der Übertragung der Aufgaben an Skyguide muss der Bund laut einem Urteil des Konstanzer Landgerichts für den Schaden haften. Denn die hoheitliche Aufgabe der Flugsicherung sei weder durch ein Gesetz noch durch einen Staatsvertrag wirksam übertragen worden. Gegner der Privatisierung führen diesen Fall gerne als warnendes Beispiel dafür an, was geschehen könnte, wenn die DFS in private Hände übergehen würde. (15), (16)

Auch andere Staaten tun sich schwer mit der Privatisierung der Flugaufsicht. In den USA gab es schon 1981 den Versuch der Privatisierung, der bis heute nicht gelungen ist. Einzig in Großbritannien hält der Staat nur noch einen Minderheitsanteil von 49 Prozent an der Flugsicherung, 46 Prozent sind im Eigentum eines Konsortiums aus Fluggesellschaften und Flughafenbetreiber, fünf Prozent halten die Mitarbeiter. Trotz des gesunkenen Einflusses des Staats wurde die Effizienz verbessert und die Gebühren reduziert. Ob man den Einstieg von Finanzinvestoren erlauben soll, wird hier allerdings auch heftig diskutiert. (17)

Zahlen & Fakten

2005:

Flugbewegungen: 2,9 Millionen

Umsatz: 881,7 Millionen Euro

Jahresüberschuss: 18,2 Millionen Euro

Mitarbeiter: 5 300 (darunter 1 800 Fluglotsen)

Quartal 1 bis 3, 2006:

Flugbewegungen: 2,26 Millionen

Steigerung zu 2005: +4 Prozent

Weiterführende Literatur

(1) Kerosin sparen durch Privatisierung - Nicht nur Lufthansa hofft trotz Köhlers Nein auf Liberalisierung des Luftraums
aus Giessener Anzeiger vom 25.10.2006

(2) Der Himmel kann warten
aus Frankfurter Allgemeine Sonntagszeitung,

29.10.2006, Nr. 43, S. V3

(3) Europas Flugsicherung ist zersplittert Deutsche Linien fordern einheitliche Standards und mehr Effizienz - Privatisierung soll zu geringeren Gebühren führen
aus DIE WELT, 25.10.2006, Nr. 249, S. 2

(4) An der Flugsicherung scheiden sich die Geister
aus Börsen-Zeitung, 28.10.2006, Nummer 208, Seite 8

(5) Bundespräsident unterbindet die Privatisierung der Flugsicherung
aus Frankfurter Allgemeine Zeitung, 25.10.2006, Nr. 248, S. 1

(6) Flickenteppich am Himmel
aus Süddeutsche Zeitung, 25.10.2006, Ausgabe Deutschland, S. 23

(7) Krummheuer, E., Luftverkehr will private Flugsicherung, HANDELSBLATT online vom 26.10.2006
aus Süddeutsche Zeitung, 25.10.2006, Ausgabe Deutschland, S. 23

(8) "Akt der Notwehr"
aus fvw Nr. 18 vom 21.07.2006 Seite 079

(9) Luft kennt viele Grenzen
aus fvw Nr. 16 vom 23.06.2006 Seite 082

(10) Privatisierung der Flugsicherung umstritten

aus Frankfurter Allgemeine Zeitung, 26.10.2006, Nr. 249, S. 1

(11) Köhler nennt Verkauf der Luftaufsicht "evident verfassungswidrig"
aus Handelsblatt Nr. 206 vom 25.10.06 Seite 3

(12) Der staatliche Wille muss jederzeit durchgesetzt werden können ANALYSE
aus Frankfurter Rundschau v. 25.10.2006, S.2

(13) "Evident verfassungswidrig"
aus Frankfurter Allgemeine Zeitung, 25.10.2006, Nr. 248, S. 2

(14) Union rückt von Privatisierung der Flugsicherung ab Gutachten für das Bundespräsidialamt warnt vor Grundgesetzänderung - Kern hoheitlicher Aufgaben muss gewahrt bleiben
aus DIE WELT, 26.10.2006, Nr. 250, S. 5

(15) Horst Köhler macht Geschichte
aus Süddeutsche Zeitung, 25.10.2006, Ausgabe Deutschland, S. 4

(16) Bruchlandung des Gesetzgebers Mit dem Einspruch des Bundespräsidenten scheitern die Pläne zur Privatisierung der Flugsicherung – jetzt muss nachgebessert werden
aus Frankfurter Rundschau v. 25.10.2006, S.2

(17) Nur die Briten sichern ihren Luftraum privat
aus Frankfurter Allgemeine Zeitung, 26.10.2006, Nr.

249, S. 15

Impressum

Deutsche Flugsicherung (DFS) - Sicherheit für Millionen?

Bibliografische Information der deutschen Nationalbibliothek

Die Deutsche Nationalbibliothek verzeichnet diese Publikation in der deutschen Nationalbibliografie; detaillierte bibliografische Daten sind im Internet über http://dnb.d-nb.de abrufbar.

ISBN: 978-3-7379-2950-9

© 2015 GBI-Genios Deutsche Wirtschaftsdatenbank GmbH, Freischützstraße 96, 81927 München, www.genios.de

Alle Rechte vorbehalten. Dieses Werk ist einschließlich aller seiner Teile – z.B. Texte, Tabellen und Grafiken - urheberrechtlich geschützt. Jede Verwertung außerhalb der Grenzen des Urheberrechtsgesetzes bedarf der vorherigen Zustimmung des Verlags. Dies gilt insbesondere auch für auszugsweise Nachdrucke, fotomechanische Vervielfältigungen (Fotokopie/Mikroskopie), Übersetzungen, Auswertungen durch Datenbanken oder ähnliche Einrichtungen und die Einspeicherung und Verarbeitung in elektronischen Systemen.